Ayudemos a preservar los hábitats

Barbara L. Webb

Rourke
Educational Media
rourkeeducationalmedia.com

© 2015 Rourke Educational Media

All rights reserved. No part of this book may be reproduced or utilized in any form or by any means, electronic or mechanical including photocopying, recording, or by any information storage and retrieval system without permission in writing from the publisher.

www.rourkeeducationalmedia.com

PHOTO CREDITS: Cover: © deetone, John Saunders; Title Page, 4, 5: © Josef Friedhuber; Page 6, 7: © Eduardo Mariano Rivero; Page 8, 9: © Nils Kahle; Page 10: © Dawn Nichols; Page 11: © SZE FEI WONG, Didier Brandelet; Page 12: © Peregrine; Page 12, 13: © Jinlide; Page 15: © Christopher Futcher; Page 14: © RelaxFoto.de; Page 16: © Mayumi Terao; Page 17: © Thomas Lozinski; Page 18: © Krzysztof Odziomek; Page 19: © Mr-Eckhart; Page 21: © Patrick Herrera, Michael DeLeon, Jonathan Ross; Page 22: © Mykola Velychko;

Edited by Meg Greve

Cover and Interior design by Tara Raymo.
Editorial/Production services in Spanish
by Cambridge BrickHouse, Inc.
www.cambridgebh.com

Webb, Barbara L.
 Ayudemos a preservar los hábitats / Barbara L. Webb.
  ISBN 978-1-62717-237-0 (soft cover - Spanish)
  ISBN 978-1-62717-435-0 (e-Book - Spanish)
  ISBN 978-1-61741-972-0 (soft cover - English)
  ISBN 978-1-63155-029-4 (hard cover - Spanish)
 Library of Congress Control Number: 2014941403

Also Available as:
Rourke's e-Books

Rourke Educational Media
Printed in the United States of America,
North Mankato, Minnesota

Rourke Educational Media

rourkeeducationalmedia.com

customerservice@rourkeeducationalmedia.com • PO Box 643328 Vero Beach, Florida 32964

Contenido

Los animales necesitan hábitats	4
Hábitats en peligro	10
Los seres humanos dañan y cuidan los hábitats	12
Tú puedes ayudar a los hábitats	20
Prueba esto	22
Glosario	23
Índice	24

Los animales necesitan hábitats

Los animales viven en **hábitats** en todo el mundo. Los animales sobreviven **adaptándose** a los alimentos, refugios y clima de sus hábitats.

Datos:
Los osos polares tienen las plantas de los pies ásperas para no resbalar.

Los osos polares están adaptados al Polo Norte, donde caminan sobre trozos de hielo para cazar focas.

Los tucanes están adaptados a comer frutas de los bosques tropicales.

Higos

Guayaba

Datos:
Si un tucán siente mucho calor, su cuerpo manda parte de ese calor hacia el pico.

7

El pez loro está adaptado para poder comer el sargazo que crece en el hábitat de los **arrecifes coralinos**.

Sargazo

Hábitats en peligro

El Ártico

Algunos hábitats de animales están en peligro o desapareciendo.

Bosque tropical

Arrecife coralino

¡Malas noticias para los animales! A los animales les es difícil adaptarse y sobrevivir a los cambios demasiado rápidos.

Los seres humanos dañan y cuidan los hábitats

Los seres humanos están dañando los hábitats de los animales con sus decisiones. Pero no es demasiado tarde para ayudar.

Las personas cortan extensas áreas de hábitats de bosque para vender los árboles o para hacer más espacio para sus granjas.

Marabú argala

13

La quema de carbón para producir electricidad crea **gases de invernadero**, que calientan la Tierra y derriten el hielo **polar**.

Podemos ayudar apagando las luces cuando abandonamos las habitaciones.

Talar árboles del bosque tropical para hacer muebles reduce el hábitat del tucán.

Podemos ayudar construyendo muebles con plantas que crezcan rápido, como el **bambú**.

Pescar demasiados peces loro daña el arrecife coralino.

Consejo:
Si estás nadando en el océano, recuerda hacer PEA, que significa "pararse en arena", no en el coral. Esta norma protege a los animales de los corales de los pies humanos.

Podemos ayudar haciendo leyes contra la **sobrepesca**.

Tú puedes ayudar a los hábitats

¿Qué puedes hacer?

- Desconecta tu computadora o juegos cuando no los estés usando.
- Pregunta de dónde proviene tu comida.
- Lee y aprende sobre las ciencias.

Cuando haces estas cosas, ¡estás ayudando los hábitats!

21

Prueba esto

Donde quiera que vivas: un suburbio, ciudad o país, puedes crear un hábitat para los animales. Aquí puedes ver algunas ideas:

- Planta flores que atraigan a las abejas, mariposas y colibríes, en un jardín o una maceta. Las magnolias, la echinacea y la monarda son fáciles de cultivar a partir de semillas.
- Si tienes un patio, pon algunas piedras y un plato llano con agua en un lugar sombreado. Voltea una cazuela de barro en su hábitat y abre un agujero en el lado con una piedra para hacer una puerta. ¡Espera hasta que los sapos entren!
- Pídele a tus padres que te den algunas ramas de una poda y ponlas con algunas hojas muertas y rocas en un rincón de tu jardín para crear un hábitat para aves, tortugas y animales pequeños.

Glosario

adaptando: cambiar para poder comer determinada comida o vivir en un determinado lugar para sobrevivir

arrecife coralino: estructura, localizada en aguas bajas de los océanos, constituidas por animales muertos pequeños llamados corales

bambú: planta de la familia de las hierbas con tronco ancho que puede usarse como madera

gases de invernadero: gases como el dióxido de carbono, que atrapan calor en la atmósfera de la Tierra

hábitats: lugares naturales donde viven plantas y animales

polar: que se relaciona con las zonas frías de los polos norte y el sur de la Tierra

sobrepesca: el acto de pescar tantos peces de una especie como ofrece su población o el hábitat

Índice

adaptado   5, 6, 8
arrecifes coralinos   8, 11, 18
bosque tropical   6, 11, 16
electricidad   14
gases de invernadero   14
hielo polar   14
osos polares   4, 5
tucán(es)   6, 7, 16

Sitios de la internet

www.pbskids.org/shareastory/stories/64/index.html

www.clean-air-kids.org.uk/globalwarming.html

www.kidsforsavingearth.org/index.html

Sobre la autora

Barbara Webb pasa sus veranos creando hábitats para las abejas, las mariposas y los pájaros, en el techo de su casa en Chicago. Ella ha escrito cinco libros sobre ciencias verdes para los niños.